LOUIS XVII

ET LES

PROPHÉTIES

PAR

Charles SAINT-MÉMOIRE

Prix : 30 centimes.

TOULOUSE
IMPRIMERIE L. HÉBRAIL
5, RUE DE LA POMME, 5.

1886

LOUIS XVII ET LES PROPHÉTIES

Le journal *l'Avenir* (1) annonçait, le 28 janvier, l'apparition d'un livre fort curieux (2). Epris du désir de le
connaître, je l'ai lu, et je suis obligé de conclure, comme
l'auteur de cet article, qu'il prouve l'évasion de Louis XVII
et l'existence de sa nombreuse postérité. Je ne redirai ici
ni l'émotion puissante que j'ai ressentie en suivant, pas à
pas, la douloureuse vie de ce martyr politique, ni l'indi-
gnation qu'ont fait naître dans mon cœur les persécutions
incessantes dont il fut toujours victime. Aussi bien se-
rait-ce répéter ce que les lecteurs de l'*Avenir* savent déjà.
Car, si je suis bien informé, « *la survivance du Roi-martyr* » a eu, depuis un an, un véritable succès. Il est donc
inutile de faire connaître mes impressions. Mais peut-être
sera-t-on heureux d'apprendre que la conservation de
cette malheureuse famille n'est pas seulement démontrée
par l'histoire.

La politique a tant abusé des prophéties, qu'on ne peut
plus prononcer ce mot sans exciter le sourire. N'est-il
pas écrit cependant : « Ne méprisez pas les prophéties,
examinez-les attentivement, afin de discerner les vérita-
bles. » La *Civiltà cattolica* disait avec raison, en parlant
des prophéties modernes : « Alcune, per quello che a me

---

(2) *La Survivance du Roi-martyr*, par un Ami de la vérité. En vente chez
Dubois, libraire à Blois, rue Denis-Papin. Prix : 3 francs.

consta, paiano indurre autorità, e concordano tra di loro (1). » La savante revue revient encore sur ce sujet (2) et démontre la portée et l'harmonie de plusieurs de ces prédictions.

« Il y a des temps, dit le comte de Maistre, où l'esprit prophétique semble s'agiter dans l'univers : ce sont ceux qui précèdent les grands événements; car, comme dit Cicéron, et après lui tous les grands philosophes, jamais il n'y eut dans le monde de grands événements qui n'aient été prédits de quelque manière. Le matérialisme, qui souille la philosophie de notre siècle, l'empêche de voir que la doctrine des esprits, et en particulier celle de l'esprit prophétique, est tout à fait plausible en elle-même, et de plus la mieux soutenue par la tradition la plus universelle et la plus importante qui fût jamais..... Plus que jamais, nous devons nous occuper de ces hautes spéculations, car il faut nous tenir prêts pour un *événement immense dans l'ordre divin, vers lequel nous marchons avec une vitesse accélérée.....* Je ne finirais pas si je voulais rassembler toutes les preuves qui se réunissent pour justifier cette grande attente. Encore une fois, ne blâmez pas les gens qui s'en occupent (3). »

Machiavel et Napoléon répètent la même pensée sous d'autres formes.

Appuyé sur ces graves autorités, je vais essayer de démontrer que les prophéties, d'accord avec l'histoire, prouvent que Louis XVII n'est pas mort au Temple.

La prophétie de Blois, qu'aucune critique sérieuse n'a pu déconsidérer, s'exprime ainsi sur le grand monarque attendu : « *Ce ne sera pas celui qu'on croit qui régnera, ce sera le Sauveur accordé à la France, et sur lequel elle ne comptait pas* (4). »

---

(1) Série VIII, volume IV, page 529.
(2) Volume VI, page 526.
(3) *Soirées*, tome II, pages 270-284. Dixième édition. Lyon, 1870.
(4) *La prophétie de Blois*, par l'abbé Richaudeau, page 46. Tours, 1870. Cattier, éditeur.

Or, les catholiques croient généralement que le comte de Chambord est ce monarque prédit, et comptent sur son avènement. Ce n'est donc pas ce prince, puisque « *ce ne sera pas celui qu'on croit qui régnera,* » mais un autre « *sur lequel la France ne comptait pas.* » Peu de personnes, au contraire, connaissent l'évasion du Dauphin. Et ses héritiers ne revendiquent que son héritage civil. Ils sont donc tout à fait dans la situation prévue par la prophétesse : « *Ce ne sera pas celui qu'on croit qui régnera, mais le Sauveur accordé à la France, et sur lequel elle ne comptait pas.* »

Le Bienheureux Werdin d'Otrante (XIII° siècle) : « Lorsque, sur la chaire de Pierre, brillera une étoile éclatante, élue contre l'attente des hommes, au sein d'une grande lutte électorale, étoile dont la splendeur illuminera l'Eglise universelle..... Alors un gracieux *jeune homme* de la postérité de Pépin, se trouvant en pays étranger, viendra pour contempler la gloire de ce pasteur ; lequel pasteur placera, d'une manière admirable, *ce jeune homme* sur le trône de France..... (1). »

La prédiction d'Orval : « *Venez, jeune prince.....* (2). »

Celle d'Olivarius (1542) : « Lors un *jeune guerrier* cheminera vers la grande ville..... Et lui, *sauvant les restes échappés du vieux sang de la cape,* règle les destinées du monde..... (3). »

La prophétie des Saints Pères : « Une autre ancienne prophétie dit : « *Le même jeune couronné de lis* sera seigneur de tout le monde..... (4). »

Saint Césaire, évêque d'Arles : « La Lorraine sera dé-

---

(1) *Vaticinium Memorabile,* tome II, page 1007. — *Introduction générale à l'Histoire,* par J.-B. de Recoles. Paris, 1672. Bibliothèque royale, G, 1449. Bibliothèque Sainte-Geneviève, G, 501.

(2) *Voix prophétiques,* par l'abbé J.-M. Curicque, tome II, page 616. Victor Palmé, 1872.

(3) *Mémoires de l'impératrice Joséphine,* édition de 1820 et 1827, tome I, page 470. — *La fin des temps,* par Eugène Barante. Paris, 1840, page 37.

(4) *La prophétie d'Orval.* Lausanne, 1871, page 30.

pouillée et plongée dans le deuil, et la Champagne implo-
rera en vain le secours de ses voisins..... Ces provinces
seront secourues par un *jeune captif* qui recouvrera la
couronne du lis (1). »

La prophétie de Prémol : « Et je vis venir de l'Orient
un *jeune homme* remarquable monté sur un lion..... (2). »

Ces expressions : « *gracieux jeune homme, jeune
homme, jeune prince, jeune guerrier, jeune couronné de
lis, jeune captif,* » ne peuvent s'appliquer au comte de
Chambord, qui est déjà un vieillard. La descendance de
Louis XVII compte six jeunes princes qui n'ont pas dé-
passé l'âge de seize ans. On n'a donc que l'embarras du
choix. Ces mots : « *restes échappés du vieux sang de la
cape,* » conviennent admirablement aux enfants du Dauphin, échappé non seulement de la prison du Temple,
mais de bien d'autres où ses persécuteurs avaient essayé
de l'ensevelir.

L'abbé Perrault, secrétaire de la grande aumônerie sous
la Restauration, a raconté la mission divine de Martin.
On n'ignore pas que ce pieux personnage fut, de la part
de Dieu, signifier à Louis XVIII d'avoir à déposer une
couronne usurpée. Voici une partie de leur entretien :

« Je sentis venir à ma bouche les paroles que l'ange
m'avait promises et je dis au Roi : Le secret que j'ai à
vous dire, c'est que vous occupez une place..... (nous ne
finissons point la phrase ; il n'est pas encore temps de le
faire. Le Roi alors m'interrompit en disant : — Comment !
comment ! mon frère et ses enfants étant morts..... (Fin de
phrase supprimée pour la même raison que ci-dessus. Et
moi alors je lui dis : — Je ne connais rien à tout cela ; mais
je sais bien que..... Nouvelle suppression motivée comme
ci-dessus). Après cela, je lui dis : — Prenez garde de vous
faire sacrer ; car si vous le tentiez, vous seriez frappé de
mort dans la cérémonie. » Martin reproche ensuite au

---

(1) *Liber mirabilis*, édition de 1524. — *Fin des temps*, page 10.
(2) *Dernier mot des prophéties*, par Adrien Péladan. Nîmes, 1880, page 15.

monarque de n'avoir pas remercié Dieu de son retour en France. — Louis XVIII répond : « C'est vrai que je n'y ai pas pensé. » Son interlocuteur reprend : « Le bon Dieu ne vous en a pas donné la pensée, parce que vous n'avez pas..... (Le reste de la phrase se rapporte au secret et ne peut pas encore être publié). Ne vous a-t-il pas dit comment il fallait que je m'y prenne pour gouverner la France ? Alors je lui répondis..... (Cette réponse tient encore au secret ; nous ne pouvons la donner à présent). Envoyez dans les provinces des gens de confiance pour préparer..... (Nouvelle suppression pour le même motif que ci-dessus). Alors le Roi, en me recommandant surtout le secret, me dit qu'il me promettait *de faire toutes les recherches possibles pour trouver celui duquel je lui avais parlé*, et pour..... (Le reste est supprimé comme tenant au secret) (1). »

Les suppressions et les parenthèses sont de l'abbé Perrault. Le lecteur y supplée facilement par son intelligence. L'auteur, du reste, lève lui-même un coin du voile en indiquant par un renvoi une dissertation sur l'évasion du Dauphin. M. Sosthène de Larochefoucauld est plus explicite dans ses mémoires et rapporte textuellement les paroles de Martin : « L'ange m'a chargé d'annoncer au Roi *qu'il occupait une place qui n'était pas à lui.* »

On peut dès lors rétablir sans peine le texte tronqué à dessein par le savant ecclésiastique. Ainsi après ces paroles : « Comment ! comment ! mon frère et ses enfants étant morts..... » celles qui suivent se devinent aisément : « Mon frère et ses enfants étant morts, je suis le légitime héritier. » Après celles-ci : « Le bon Dieu ne vous en a pas donné la pensée parce que..... » ajoutez : « parce que vous n'avez pas le droit de régner. » Après ces autres :

---

(1) *Le Passé et l'Avenir*, livre anonyme de l'abbé Perrault. In-8°. Édouard Bricon. Paris, 1832, page 69-75. *La Fin des Temps*, pages 82-115. — *Journal des Presbytères* et *Archives de la religion*, tome I des deux journaux réunis, pages 5, 84 et 182. — Collin de Plancy, Paris, 1871, pages 135-181.

« Envoyez dans les provinces des gens de confiance pour préparer..... » suppléez par celles-ci : « le règne du prince légitime. » C'est bien de Louis XVII dont il est question, puisque l'envoyé de Dieu parle d'un personnage que le Roi a le devoir de rechercher et qu'il lui *défend de se faire sacrer* sous peine de mort. C'est bien établi par l'histoire : les préparatifs du sacre étaient faits et ils furent contremandés après la venue de Martin aux Tuileries. Si Louis XVIII n'est pas un usurpateur, pourquoi lui défendre de se faire sacrer? On objectera peut-être : Charles X reçut le sacre et il n'a pas été frappé de mort. D'abord il ne fut pas aussi coupable. Il continua une usurpation déjà commencée. Et puis Louis XVIII, qui a reculé devant cette profanation, régna dix ans et mourut sur le trône. Son frère au contraire vit le sien s'effondrer au lendemain d'une victoire éclatante. Les victoires ordinairement consolident les monarchies et ne les détruisent pas. Il partit pour l'exil en fuyant lâchement devant une émeute puérile Et encore, s'il faut en croire une tradition parfaitement conservée, avant de se résigner à cet exil qui, pour sa race, devait être sans fin, il voulut consulter Martin. Il lui envoya à cet effet le général comte de la Rochejaquelein. Le messager du roi reçut cette réponse : « Son temps est fini ; s'il résiste, il sera responsable devant Dieu du sang qu'il aura versé inutilement. » (1)

Martin fut le premier à reconnaître le fils de Louis XVI et déclara (1832) que sa mission n'avait eu d'autre but que d'obliger Louis XVIII à rendre la couronne à son neveu.

Madame du Cayla jette un peu de lumière sur cet épisode : « A quand le sacre, dis-je au roi?... — Jamais peut-être, me répondit-il. Mon corps, épuisé par la douleur, n'est guère capable de supporter les fatigues... C'est ainsi

---

(1) Témoignages particuliers, archives de la famille de Bourbon. — *Lettre d'un vieux curé vendéen* aux organisateurs du banquet du 29 septembre. Limoges, 1879, page 11.

que le roi me parla de son sacre. *Et, par une convention
tacite, nous éludâmes de faire allusion à son entretien
mystérieux avec Martin* (1). »

On n'ignore pas qu'avant l'arrivée de Martin à Paris, le
roi négociait son sacre avec le Saint-Siège. « Une source
continuelle de discussions, entre M. de Blacas et la Chancellerie romaine , était la prétention qu'avait le roi de
faire dater son règne du jour de la mort de Louis XVII (2). »
L'ambition de l'usurpateur voulait obtenir ce que l'esprit
de justice de la papauté ne pouvait lui concéder.

Saint-Ange (XIIIe siècle) : « Il s'élèvera enfin un roi du
peuple et de la race antique des Francs (3). »

Le comte de Chambord n'a dans ses veines aucun sang
plébéien. Louis XVII épousa une jeune fille des classes
moyennes. On peut donc dire de ses enfants qu'ils sortent
« du *peuple* et de la *race antique des Francs.* »

Marie des Terreaux (Lyon, 1773-1843) : « Comme elle
se trouvait toute seule dans sa chambrette (1830), racon-
tent les derniers avis prophétiques, il lui apparut, en plein
jour, un drapeau blanc qui pouvait avoir deux pieds et
demi de hauteur. Au milieu de ce drapeau se trouvaient
groupées six fleurs de lis, et dans un coin du même étendard, elle remarquait une seule petite fleur de lis. Sou-

---

(1) *Mémoires d'une femme de qualité.* Paris, 1829, tome IV, pages 160
et 162.

(2) *Mémoires de la duchesse d'Abrantès*, tome XXIII, page 70. — D'après
la duchesse d'Abrantès, le Pape se serait opposé au sacre de Louis XVIII,
parce que ce prince indiquait la (prétendue) mort du Dauphin comme le com-
mencement de son règne. Et la raison qu'elle donne de cette opposition, c'est
qu'en agissant de la sorte, le roi de France supprimait moralement le règne
de Napoléon, dont le front avait reçu la Sainte-Onction. On ne peut pas ad-
mettre ce raisonnement. La Chancellerie romaine n'avait pas à s'occuper de
ce sentiment. Mais, comprenant le mobile secret de cette prétention, elle ne
voulait pas affirmer la mort de Louis XVII, en assignant dans la bulle du
Sacre, comme date de l'avènement de Louis XVIII, celle de la mort prétendue de son neveu. Le Saint-Siège, en effet, le savait vivant. Voilà l'expli-
cation véritable du peu d'entente entre la Chancellerie de Rome et M. de
Blacas.

(3) *Dernier mot des prophéties,* par Adrien Péladan. Nîmes, 1880, page 24.

dain la pieuse servante s'écria : « Je m'explique bien ces
« six fleurs de lis réunies... mais cette petite qui est là toute
« seule dans un coin, que fait-elle ? » Une voix céleste, bien
connue de Marie, lui répondit : « C'est le duc de Nor-
« mandie. — Mais je ne sais pas ce que c'est, répliqua
« Marie. — Eh bien! on te l'apprendra, ajouta la voix
« céleste. » Et la vision disparut (1). »

Cette apparition confirme les enseignements de l'histoire : En 1830, le duc de Normandie n'était pas mort. Les
six fleurs de lis qui occupent le centre de l'étendard nous
semblent désigner le comte de Chambord et sa sœur, le
duc et la duchesse d'Angoulême, Charles X et la duchesse
de Berry.

Le Père Nectou, religieux de la Compagnie de Jésus,
mort en odeur de sainteté le 12 juillet 1772, est l'auteur
d'une prophétie remarquable. Le Père de Raux, de la
même Compagnie, en reçut la confidence. La Mère Geoffroy
lui apprit en Espagne, où il s'était réfugié, la prétendue
mort de Louis XVII. Il lui répondit que, d'après le Père
Nectou, le Dauphin ne devait pas mourir au Temple.
« Ma fille, écrit-il, vous m'avez bien embarrassé, vous
avez mêlé mon fil à l'endroit où il est le plus brouillé :
l'enfant ne devait pas périr (2). »

Cette conviction du Père Nectou explique son jugement
sur la Restauration : « On croira que la contre-révolution
est consommée, mais ce ne sera qu'un replâtrage, un habit
mal cousu. » Tandis qu'en parlant du monarque de l'avenir, il dit : « Ce ne sera qu'après cette usurpation (Gouvernement de Juillet) que se fera la contre-révolution. »

La pensée du prophète s'explique facilement. La Restauration n'est pas la contre-révolution puisque Louis XVIII
n'est pas le roi légitime. Le grand monarque, au contraire, opèrera cette contre-révolution, parce que, depuis

____

(1) *Voix prophétiques*, par l'abbé Curicque, tome II, page 404.
(2) *Ibidem*, page 241. — Voir également Pézieux, page 76.

Louis XVI, ce sera le seul souverain légitime qui se soit assis sur le trône de saint Louis.

Un Manuscrit du XIV⁰ *siècle :* « Le grand prince ne règnera que 42 lunes 1/3, *il travaillera pour son fils* (1). »

Henri V est sans enfants. Il n'est donc pas ce grand prince qui « *travaillera pour son fils.* » Les héritiers de Louis XVII ont presque tous des enfants.

Le saint abbé Souffrand (1755-1828), curé de Maumusson, en Bretagne, fut également favorisé du don de prophétie. L'abbé Curicque dit de lui : « Cette Restauration des Bourbons sur le trône de France ne se fit pas comme l'espérait l'abbé Souffrand. Il croyait, opinion qu'il garda jusqu'à la veille de sa mort, que l'infortuné Louis XVII, fils du Roi-martyr, n'avait pas péri à la tour du Temple, qu'il vivait encore, et que, par suite, son oncle Louis XVIII n'était qu'un usurpateur. »

Voici un passage de sa prophétie : « Le grand monarque *est de la branche aînée* des Bourbons. Il ne fera que prendre la couronne pour la placer sur la tête de son *héritier direct* (2). »

Ce texte ne saurait s'appliquer au fils du duc de Berry. En effet, « le grand monarque *est de la branche aînée* des Bourbons, » et l'existence des petits-fils de Louis XVI relègue ce prétendant au rang de simple cadet. De plus, le monarque prédit doit « placer la couronne sur la tête de son *héritier direct ;* » et lui est sans enfants.

Visions ou songes de la petite Marie, morte en 1843. — Neuvième songe : « Un prêtre passa derrière l'autel, et prit dessous un grand bras d'homme vivant. Il le montra aux assistants en disant : Voilà ce grand bras vengeur, il viendra un jour *venger la mort de son père ;* non, il n'est pas mort. Ensuite il donna la bénédiction avec ce bras, le

---

(1) *Fin de la Révolution,* par Pézieux. Paris, 1881. Broussois, éditeur, page 37.

(2) *Voix prophétiques,* par l'abbé Curicque, tome II, page 318.

remit où il l'avait pris, et dit : *Le voilà encore caché pour quelque temps*, mais il n'est pas mort (1).

La voyante parlé ici clairement du Dauphin que l'on croyait mort généralement, mais qui ne l'était pas, et dont les descendants doivent venger la mort de Louis XVI, leur aïeul. Quand la petite Marie eut cette vision (1811), le Prince vivait encore, puisqu'il n'a terminé son long martyre que le 10 août 1845 (2).

La religieuse de Lyelbe (c'est Notre-Seigneur qui parle) : « La famille royale va être punie (1830) et elle me paiera les expiations qu'elle me doit; mais parce que je me la suis choisie, je ferai pour elle ce que j'ai fait pour Loth, et je la sauverai de Sodome et l'enfant... et quand le sang aura coulé, l'Enf..... rentrera. Je veillerai jusqu'au bout sur la famille de l'Enf..... parce que je me la suis choisie et que je veux qu'elle règne jusqu'à la fin (3)..... »

« Et quand le sang aura coulé, l'enfant rentrera. » Louis XVII est en effet rentré en 1832, deux ans après la Révolution de Juillet. « Je veillerai jusqu'au bout sur la famille de l'enfant. » Ce n'est pas au comte de Chambord que ce texte fait allusion, puisqu'il se meurt sans postérité. Dieu n'a donc pas à veiller sur sa famille. Louis XVII (l'enfant), au contraire, a laissé une nombreuse descendance.

La Religieuse trappistine de Notre-Dame des Gardes, en Anjou, morte vers 1828 : « Dans ce moment je vis un jeune homme qui me parut avoir environ trente-trois ans. Il était d'une beauté ravissante et d'un port qui annonçait

---

(1) *Fin de la Révolution*, pages 62-63.

(2) Voici son épitaphe, telle qu'on la lit encore dans le cimetière de Delft (Hollande) :

« Ici repose Louis XVII,
« roi de France et de Navarre (Charles-Louis, duc de
« Normandie),
« né à Versailles, le 27 mars 1785 ;
« décédé à Delft le 10 août 1845. »

(3) *La prophétie d'Orval*. Lausanne, 1871, page 29.

quelque chose de grand et de majestueux ; en même temps
la voix me dit : « Voilà celui que je garde de tous les
« périls pour le bonheur de la France. » J'entendis qu'il
portait les deux noms de Louis-Charles ; il fut sauvé de la
tour du Temple... En 1801, il rentra en France, où il fut
arrêté et mis en prison ; il s'en échappa, parce que Dieu
le protège et le conserve pour notre bonheur. Il ne rentrera en France qu'après le grand combat (1). »

La bergère Marianne Galtier de Saint-Affrique (1830) :
« Un prince, connu de Dieu seul, et faisant pénitence au
désert, arrivera comme par miracle. Il sera du sang de la
vieille Cape. Il s'appellera *Louis-Charles* (2). »

Toute réflexion serait superflue, ces mots sont assez
clairs par eux-mêmes. Toutefois, il est utile de faire obser-
ver que le Dauphin porta en réalité les deux noms de
Louis-Charles. Avant la mort de Louis, premier Dauphin,
il portait celui de Charles. Après la mort de son frère, on
l'appela Louis. Les almanachs de l'époque lui donnent
les uns le nom de Louis, les autres celui de Charles. Le
premier est celui que conserva le peuple de Paris. Aussi
voyons-nous Lasne et Gomin, gardiens du Temple, l'ap-
peler Monsieur Charles (3). Lui-même semble le préférer,
car la plupart de ses lettres sont signées : « CHARLES-
LOUIS, duc de Normandie. »

Le Père Ricci : « C'est alors que viendra le duc fort,
sorti d'une des nobles races qui, pendant tant de siècles,
demeura constamment fidèle à l'ancienne religion de ses
pères et dont *la Maison a été très affligée par la nécessité
à une dure servitude* (4). »

Le comte de Chambord n'a jamais connu les privations
de la nécessité. Courtisans, palais, richesses, rien ne lui
manque pour adoucir l'amertume de son exil. Le fils de
Louis XVI, indignement persécuté, injustement proscrit,

---

(1) *Voix prophétiques,* page 332.
(2) *Ibidem,* page 409.
(3) De Beauchesne, tome II, page 262. Édition de luxe. Paris, 1866.
(4) *Dernier mot des prophéties,* par Adrien Péladan, page 16.

a dû gagner son pain à la sueur de son front. Les lecteurs de la *Survivance du Roi-martyr* (1) savent que « *sa Maison a été très affligée par la nécessité à une dure servitude.* » Par conséquent, d'après le Père Ricci, c'est de sa race que doit sortir le grand monarque.

M. Pézieux cite une relation envoyée, dit-il, à la *Quotidienne*, en janvier et février 1831. Louis XVI apparaît le 21 janvier 1831 à un pieux personnage, et lui tint ce discours : « ..... La corruption a gagné des aînés aux cadets, des cadets aux puînés ; ma mort a payé pour tous. Plusieurs se sont assis sur mon trône, ils y ont trouvé leur perte. Une branche (Louis XVIII et Charles X) s'y était relevée ; ma sève lui refuse vie, elle tombe et *meurt*. Un gourmand (Louis-Philippe), avec ses rameaux vigoureux, s'y voit aujourd'hui... Tout ce qui aura survécu s'assemblera autour de la place où mon sang a coulé ; au milieu d'eux paraîtra celui qu'on *croit mort à cause du vêtement et de la nuée qui le couvrent*... Celui qui doit tenir mon sceptre en sa main est l'aîné après moi (2)... »

La branche qui s'est relevée sur le trône en 1814 n'est pas légitime, puisque la « *sève de Louis XVI lui refuse vie.* » Le grand monarque annoncé sera de la descendance de Louis XVII : « *Celui qu'on croit mort à cause du vêtement et de la nuée qui le couvrent.* » Après Louis XVI, les aînés sont ses petits-fils ; il n'est donc pas question du comte de Chambord.

Hélène Wallraff (1755-1801) : « *Un prince demeuré jusque-là inaperçu* et dont la Maison aura beaucoup souffert du malheur des temps, apportera cette vraie paix à la terre (3). »

L'existence d'Henri V n'a rien de mystérieux ni de caché, et il n'a pas eu à souffrir « du malheur des temps. »

---

(1) *La Survivance du Roi-martyr*, en vente chez Sistac, rue Saint-Étienne, 14, Toulouse. Prix : 3 francs ; par la poste, *franco* : 3 fr. 50.

(2) *Fin de la Révolution*, pages 91 et 92.

(3) *Voix prophétiques*, page 259.

Les descendants de Louis XVII ont, hélas ! « beaucoup souffert » et sont « demeurés jusque-là inaperçus. »

Nostradamus est plus explicite et annonce que le fils de Louis XVI ne mourra pas au Temple :

« Le règne prins le roi convicra. »

« La dame prinse à mort jurés à sort. »

« *La vie à royne fils on desniera.* »

Traduction : « Le roi pris, le gouvernement le déclarera convaincu et le condamnera ; des jurés prononceront la peine de mort contre la Reine ; quant au petit roi, *on se contentera de nier qu'il existe* (1). »

C'est bien ce qui a eu lieu. La personne de Louis XVII gênait fort la politique ambitieuse des souverains. Qu'a-t-on fait ? On a déclaré que « vivant ou mort, Louis XVII était mort. »

Holzhauser : « Dans ce même temps, Dieu suscitera un Pontife saint qui, soutenu par le grand monarque, fera briller plus que jamais la gloire de l'Église catholique par tout l'univers. *On croira la race du grand duc éteinte ;* point du tout. Un duc paraîtra contre toute attente (2)..... Est-ce clair ? « *On croira la race du grand duc éteinte.* » Les masses ignorent encore l'existence des descendants de Louis XVI et croient généralement que le Dauphin est mort au Temple.

Le Père Callixte, religieux de Cluny (1750) : « Les hauteurs seront abattues ; trois fleurs de lis de la couronne royale tomberont dans le sang (Louis XVI, Marie-Antoinette, Élisabeth) ; une quatrième dans la boue (Philippe-Égalité) ; *une cinquième s'éclipsera* (Louis XVII)..... Parlant de l'arrivée du grand monarque, le prophète s'écrie : « Une fleur de lis sort d'un nuage (3). »

Cette prophétie, c'est évident, déclare que le Dauphin ne mourra pas au Temple puisqu'il doit s'éclipser, et que

---

(1) *Fin des temps,* page 69. — Nostradamus parle ailleurs du « sublevé du Temple. »

(2) *Dernier mot des prophéties,* page 20.

(3) *Voix prophétiques,* pages 230 et 231. — *Fin de la Révolution,* page 76.

sa postérité sortira de l'obscurité où l'a relégué l'odieuse raison d'État : « Une fleur de lis sort d'un nuage. »

Ces quelques citations, empruntées à divers auteurs, corroborent les données de l'histoire, et confirment que Louis XVII n'est pas mort au Temple. C'est tout ce que nous voulions démontrer.

CHARLES SAINT-MÉMOIRE.

EN VENTE CHEZ :

DUBOIS, libraire, rue Denis-Papin, à Blois ;
DRUINEAU, libraire, rue de l'Industrie, à Poitiers ;
SISTAC, libraire, rue Saint-Étienne, 14, à Toulouse.

Toulouse. — L. Hébrail, imprimeur, rue de la Pomme, 5.